MARBLED PAPER DESIGNS

PEPIN®

GIFT & CREATIVE PAPERS

VOLUME

English

Marbled Papers

Papermaking was invented in China, approximately two thousand years ago. By the eighth century AD, knowledge of the craft had reached the Middle East and continued to spread with the rapid expansion of Islamic culture. In the twelfth century, the Moors brought papermaking to Spain, and by the fifteenth century, paper had replaced parchment as the primary medium for writing and printing throughout Europe. New techniques for the production of decorated papers emerged in Europe during the seventeenth century, resulting in a significant European industry by the eighteenth century. Decorated papers were often made to resemble expensive materials such as marble, gold or exclusive fabric and were sold at markets and paper shops. These papers were primarily used as endpapers and wrappers for books, music scores and brochures, in addition to lining the interiors of boxes, suitcases and cabinets. They were also used for reverse sides of playing cards.

The use of marbling to decorate paper seems to have travelled a similar route to that of papermaking itself. Marbling is known to have existed in China and Japan as early as the twelfth century and became popular in Turkey and Persia during the sixteenth century. It is widely believed that European craftsmen learned marbling techniques from the Turks, and because of this, marbled paper is still sometimes referred to as 'Turkish Paper'. The earliest examples of European marbled papers come from Germany and date from the late sixteenth century. By the seventeenth century, marbled paper was being made in Holland, France, Italy and England.

Marbled endpapers often still appear in books today, but most of these modern 'marbled' papers are simply papers with a printed marble pattern. Nevertheless, the traditional craft of marbling paper still exists. True marbled papers can be found in specialty paper stores and are used for the embellishment of limited edition books and the restoration of old books.

Marbling techniques have varied across time and cultures, but the underlying principles are common to all. In the marbling process, a large receptacle is filled with a gelatinous substance and dyes are layered on top. This combination of a viscous under layer and floating dyes is essential for the flowing, organic designs typical of marbled paper. Dyes can be splashed or dripped to resemble naturally occurring structures or can be arranged into orderly patterns. A tool such as a stick, brush or comb can then be used to manipulate the dyes and introduce veins, curves, fans or waves. Once the desired effect has been achieved, a sheet of paper is floated on the dye, transferring a mirror image of the design onto the paper.

Français

Les papiers marbrés

La papeterie fut inventée en Chine il y a probablement deux mille ans. Dès le VIII siècle apr. J.-C., la connaissance de cet art avait atteint le Moyen-Orient et continuait à s'étendre avec l'expansion rapide de la culture islamique. Au XII siècle, les Maures introduisaient la papeterie en Espagne et au XV siècle, le papier avait remplacé le parchemin en tant que principal matériau pour l'écriture et l'imprimerie à travers l'Europe. Les techniques de production de papiers décorés firent leur apparition en Europe au XVI siècle, donnant naissance à une importante industrie en Europe dès le XVII siècle. Les papiers décorés étaient souvent fabriqués pour ressembler à des matériaux plus coûteux comme le marbre, l'or ou les étoffes rares et ils étaient vendus dans les marchés et les boutiques de papier. Ces papiers étaient principalement utilisés comme pages de garde et couvertures pour les livres, les partitions de musique et les brochures, mais on les utilisait aussi comme doublure pour les boîtes et les valises, pour décorer l'intérieur des armoires et le dos des cartes à jouer.

L'utilisation du marbrage pour décorer le papier semble avoir suivi le même chemin que la fabrication du papier en elle-même. On sait que le marbrage existait en Chine et au Japon dès le XIIe siècle et qu'il devint très répandu en Turquie et en Perse au XVIe siècle. On croit généralement que les artisans européens ont appris les techniques de marbrage des Turcs, et c'est pourquoi le papier marbré est encore parfois appelé « papier turc ». Les exemples les plus anciens de papiers marbrés nous viennent d'Allemagne et remontent à la fin du XVIe siècle. Dès le XVIIe siècle, on fabriquait du papier marbré en Hollande, en France, en Italie et en Angleterre.

Les techniques de marbrage ont varié à travers le temps et les cultures mais les principes de base sont toujours restés les mêmes. Pour le procédé, on utilise un grand récipient rempli d'une substance gélatineuse à la surface de laquelle on verse plusieurs couches de pigments. Cette combinaison d'une couche de base visqueuse sur laquelle flottent les pigments est essentielle pour obtenir les motifs organiques fluides qui sont caractéristiques du papier marbré. Les pigments peuvent être aspergés ou dégouttés pour ressembler à des structures se produisant naturellement ou ils peuvent être arrangés en motifs ordonnés. On peut se servir d'un outil, tel qu'un bâton, un pinceau ou un peigne pour travailler les pigments et produire des veinures, des arabesques, des éventails ou des vagues. Une fois l'effet désiré obtenu, on dépose sur le pigment une feuille de papier sur laquelle se fixe l'image inversée du motif créé.

Deutsch

Marmorpapier

Die Kunst der Papierherstellung wurde vor etwa zweitausend Jahren in China erfunden. Bis zum achten Jahrhundert n.Chr. war dieses Wissen bis in den Nahen Osten vorgedrungen und verbreitete sich von dort aus gemeinsam mit der islamischen Kultur. Im 12. Jahrhundert brachten die Mauren die Papierherstellung nach Spanien, und bereits im 15. Jahrhundert hatte Papier das Pergament als wichtigstes Schreib- und Printmedium in ganz Europa ersetzt.

Im Verlauf des 17. Jahrhunderts tauchten in Europa die ersten Techniken zur Herstellung dekorierter Papiere auf, woraus sich im 18. Jahrhundert eine bedeutende europäische Papierindustrie entwickelte. Viele der dekorierten Papiere wurden so hergestellt, dass sie kostbaren Materialien wie Marmor, Gold oder exklusiven Stoffen ähnelten. Sie dienten hauptsächlich als Vorsatz- oder Umschlagpapier für Bücher, Partituren und Broschüren, fanden aber auch zur Auskleidung von Schachteln und Koffern, als Schrankpapier oder als Rückseite von Spielkarten Verwendung.

Die Technik der Marmorierung von Papier hat sich vermutlich entlang der gleichen Routen verbreitet wie die Papierherstellung selbst. Dieses Verfahren kannte man in China und Japan bereits im 12. Jahrhundert, und bis zum 16. Jahrhundert war es auch nach Persien und in die Türkei vorgedrungen. Man nimmt an, dass die europäischen Handwerker die Marmoriertechnik von den Türken erlernten, weshalb derartig dekoriertes Papier manchmal noch als „türkisches Papier" bezeichnet wird. Die frühesten Beispiele für europäisches Marmorpapier stammen aus Deutschland und entstanden Ende des 16. Jahrhunderts. Doch schon ab dem 17. Jahrhundert wurde auch in den heutigen Niederlanden sowie in Frankreich, Italien und England marmoriertes Papier hergestellt.

Obwohl sich die Technik der Marmorierung im Laufe der Jahrhunderte und je nach Kultur sehr unterschiedlich entwickelt hat, sind die zugrunde liegenden Prinzipien überall gleich. Zunächst füllt man ein großes Becken mit einer gallertartigen Masse, der so genannten „Schlichte", auf die mehrere Lagen Farbe geschichtet werden. Diese Kombination aus viskoser Unterschicht und darauf „schwebender" Farbe ist von entscheidender Bedeutung für die Gestaltung fließender, organischer Schlierenmuster, die für Marmorpapier typisch sind. Die Farben können aufgespritzt oder aufgetupft werden, so dass sie natürlich wirkenden Strukturen ähneln; sie lassen sich aber auch zu regelmäßigen Mustern arrangieren und mit Hilfe von Stäbchen, Pinseln oder Kämmen mit Adern, Bögen, Strudeln oder Wellen verzieren. Sobald der gewünschte Effekt erzielt ist, wird ein Bogen Papier auf das Becken gelegt, wobei die Farbe am Papier haften bleibt und auf dem Papier ein Spiegelbild des ursprünglichen Designs entsteht.

Español

Papel de aguas

El arte de la fabricación del papel se inventó en China, probablemente hace unos dos mil años. En el siglo VIII a.C., el conocimiento del oficio había alcanzado Oriente Medio y continuó extendiéndose con rapidez por todas las regiones de la cultura islámica. En el siglo XII, los moros lo introdujeron en España, y hacia el siglo XV, el papel había desbancado al pergamino como medio de escritura y estampación en toda Europa.

Las técnicas de producción de papeles decorados surgieron en el siglo XVII en Europa, donde el sector adquiriría un peso específico muy importante un siglo después. Los papeles solían decorarse a imitación de materiales caros como el mármol, el oro y los brocados, y se vendían en mercados y papelerías. Se utilizaban sobre todo para fabricar guardas y forros para libros, partituras y opúsculos, pero también para forrar cajas y maletas, decorar el interior de los cajones y revestir naipes.

La técnica del papel de aguas parece haber recorrido una ruta paralela a la de la invención del papel. Al parecer, empezó a utilizarse en China y Japón en el siglo XII, y en el XVI gozó de una gran popularidad en Turquía y Persia. Según todos los indicios, los artesanos europeos aprendieron la técnica de los turcos, de ahí que el papel de aguas se conozca también como «papel turco». Los primeros ejemplos europeos proceden de Alemania y se remontan a finales del siglo XVI. En el XVII, el papel de aguas se fabricaba en Holanda, Francia, Italia e Inglaterra.

Hoy en día siguen forrándose algunas guardas con papel de aguas, si bien las versiones modernas no son más que papel estampado con este diseño. Aun así, la técnica tradicional para vetear el papel sigue vigente. El papel de aguas auténtico puede encontrarse en papelerías especializadas y suele reservarse para embellecer ediciones limitadas y restaurar libros antiguos.

Las técnicas de veteado han variado a tenor de las épocas y las culturas, pero los principios básicos siguen siendo los mismos. El proceso consiste en llenar una cubeta de una sustancia gelatinosa y añadir los tintes sobre la superficie. La combinación de una capa inferior viscosa y los tintes flotantes es esencial para los diseños fluidos y orgánicos propios del papel de aguas. Los tintes se aplican a través de salpicaduras o por goteo para imitar formas naturales, o bien se distribuyen ordenadamente para obtener grecas formales. Herramientas simples como un palo, un pincel o un peine sirven para manipular los tintes y crear vetas, curvas, abanicos u ondas. Una vez obtenido el efecto deseado, se introduce una hoja de papel en la cubeta para transferir el diseño al papel como si fuera un espejo.

photos courtesy Jemma Lewis

Copyright © 2020 Pepin van Roojen

All rights reserved. No part of this book may be reproduced or transmitted in any form or by any means without permission in writing from The Pepin Press BV.

PEPIN®

Pepin® is a trademark of Pepin Holding BV

Published by
The Pepin Press BV
P.O. Box 10349
1001 EH Amsterdam, The Netherlands
mail@pepinpress.com

www.pepinpress.com

Marbled Papers by
Jemma Lewis
www.jemmamarbling.com

Creative Director / Series Editor
Pepin van Roojen

Layout of this volume
Nina Zulian

ISBN 978 94 6009 124 7

This book is produced by The Pepin Press in Amsterdam and Singapore.

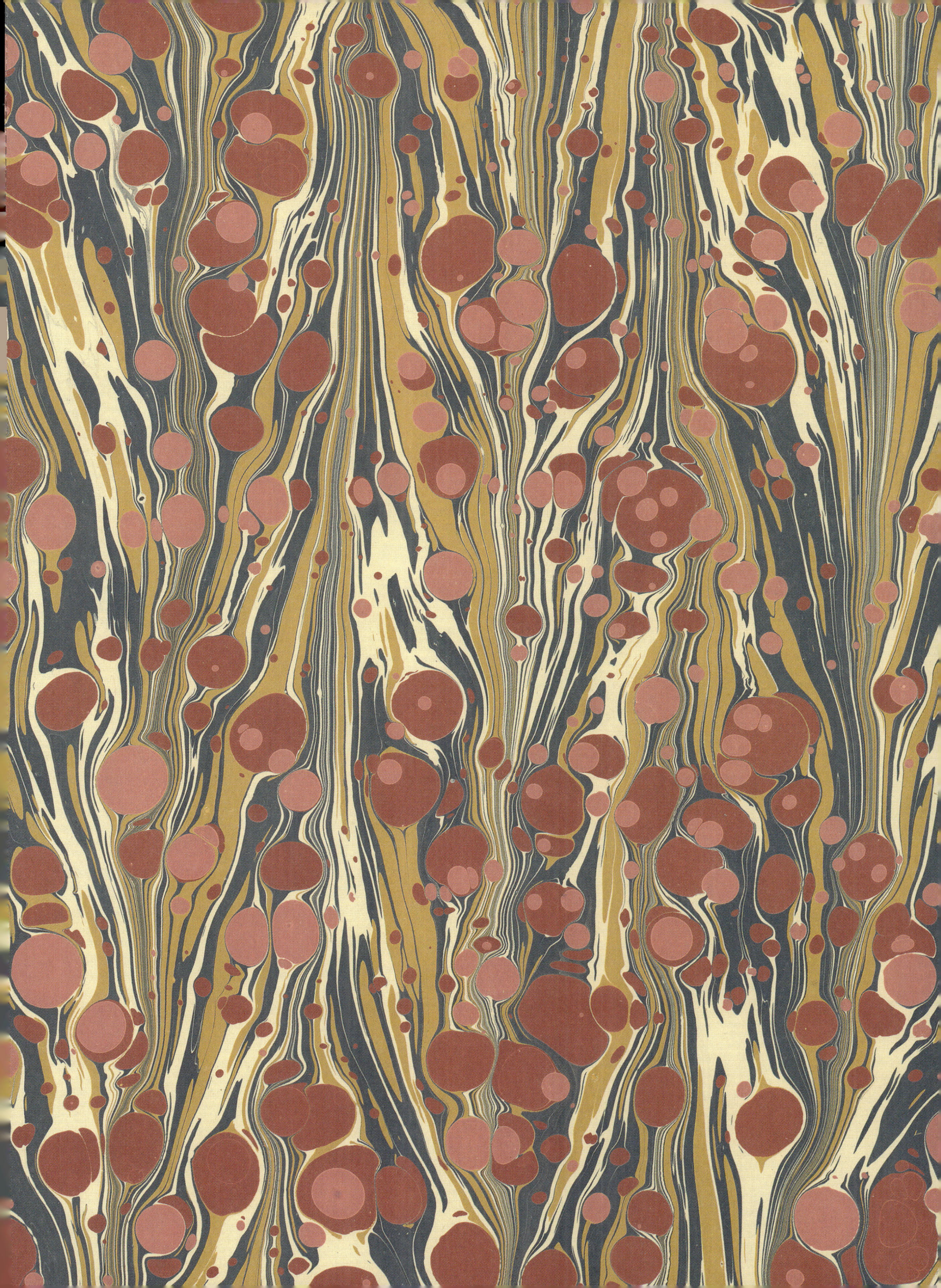

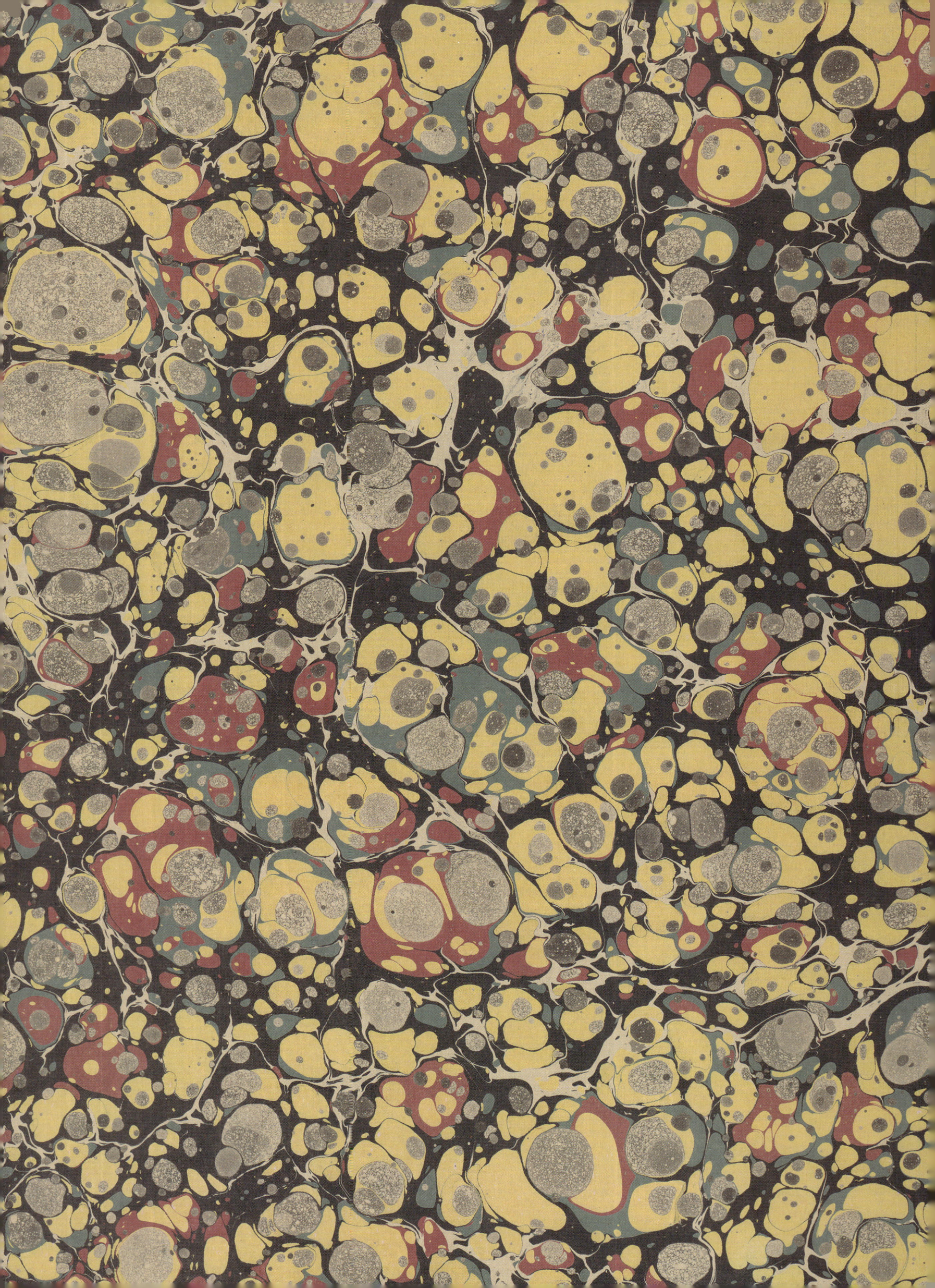

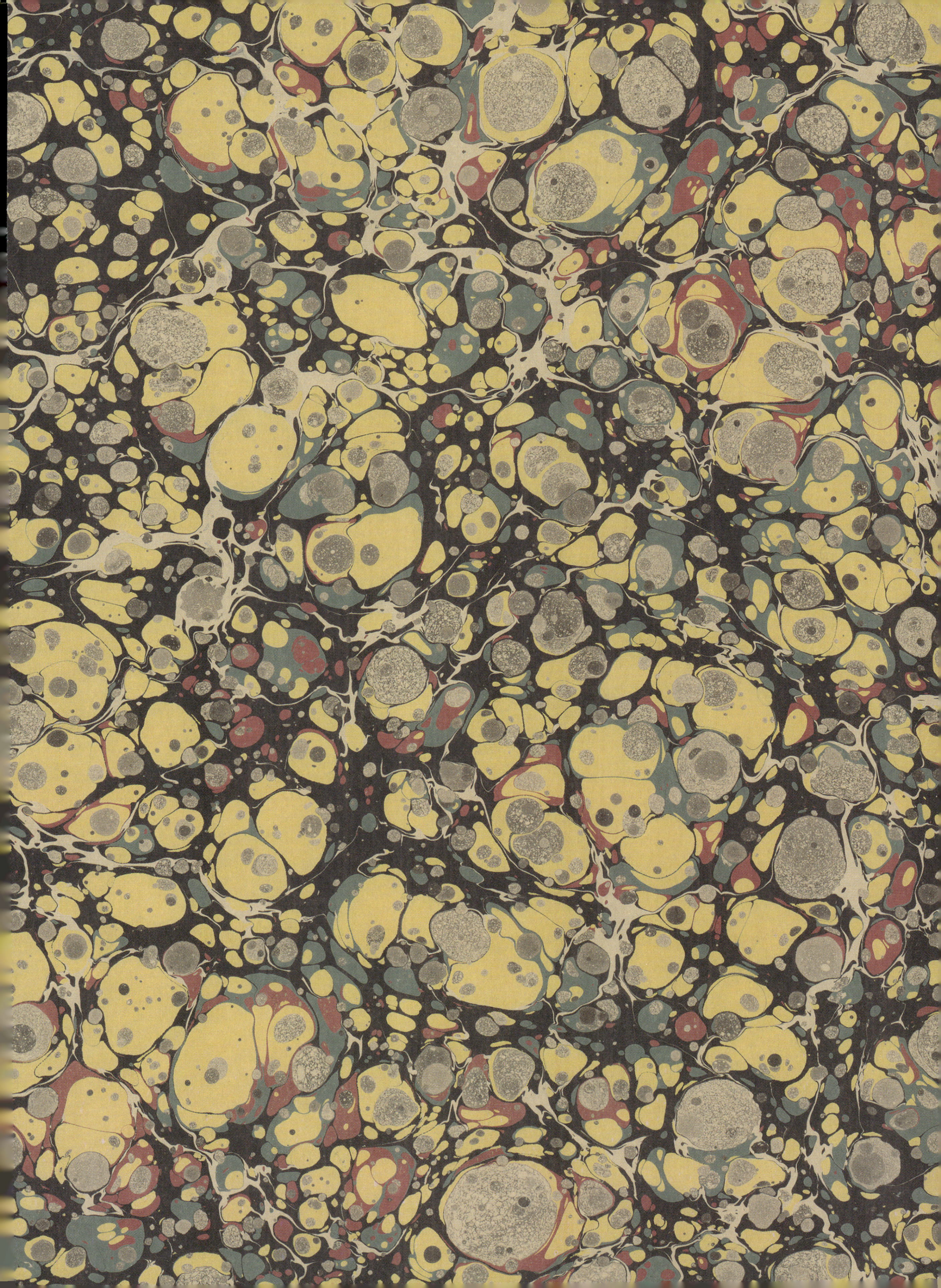

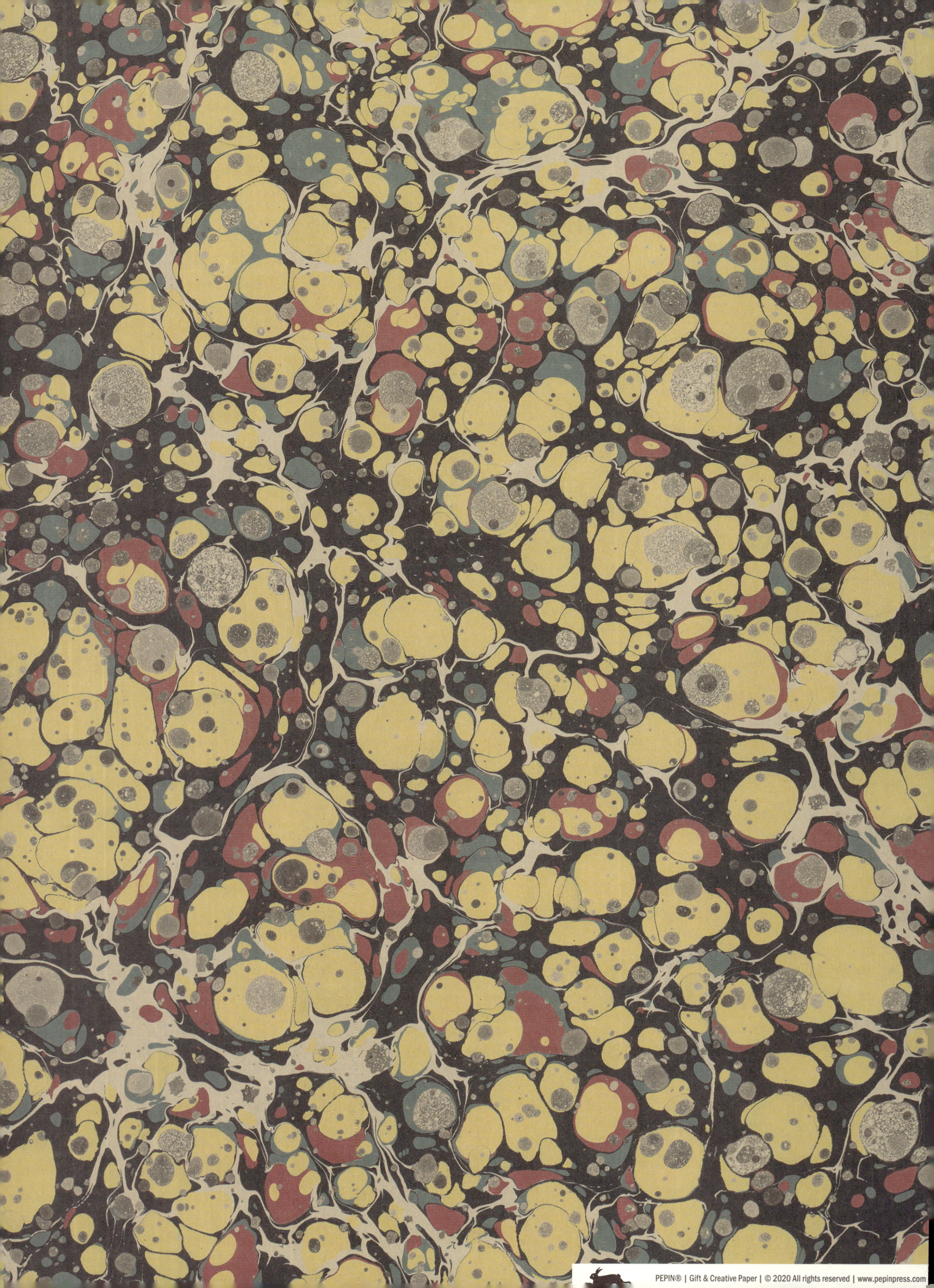

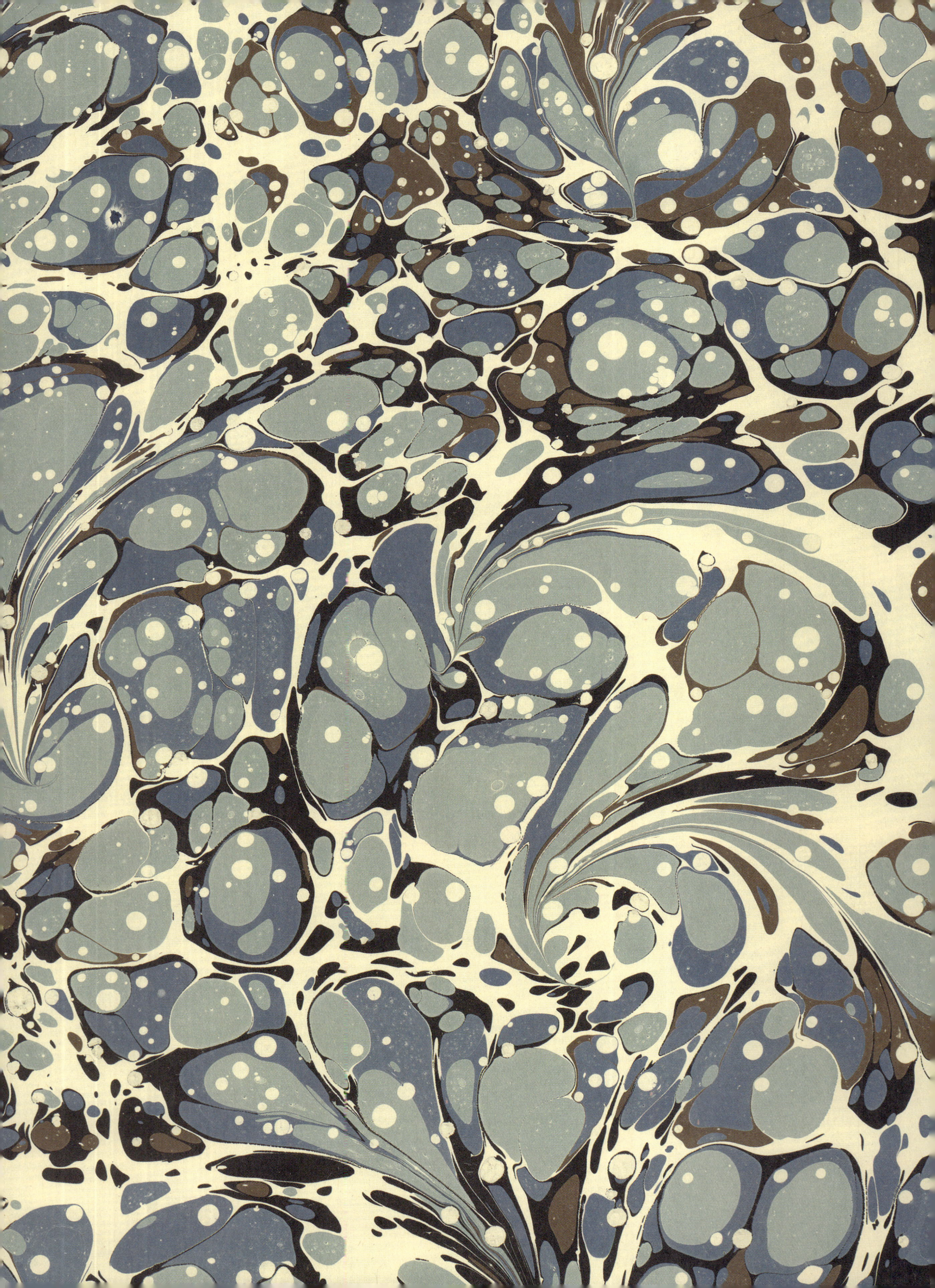

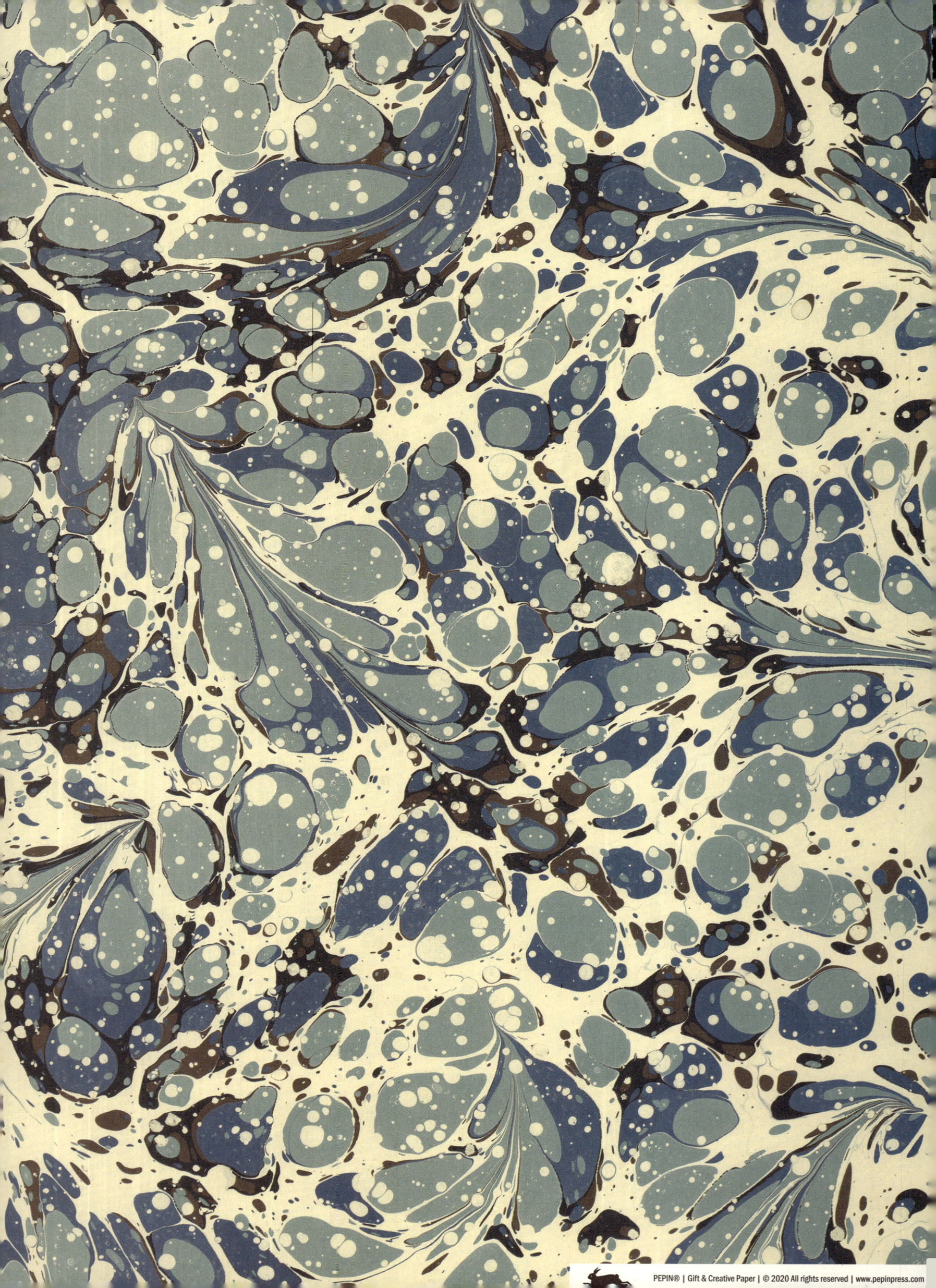

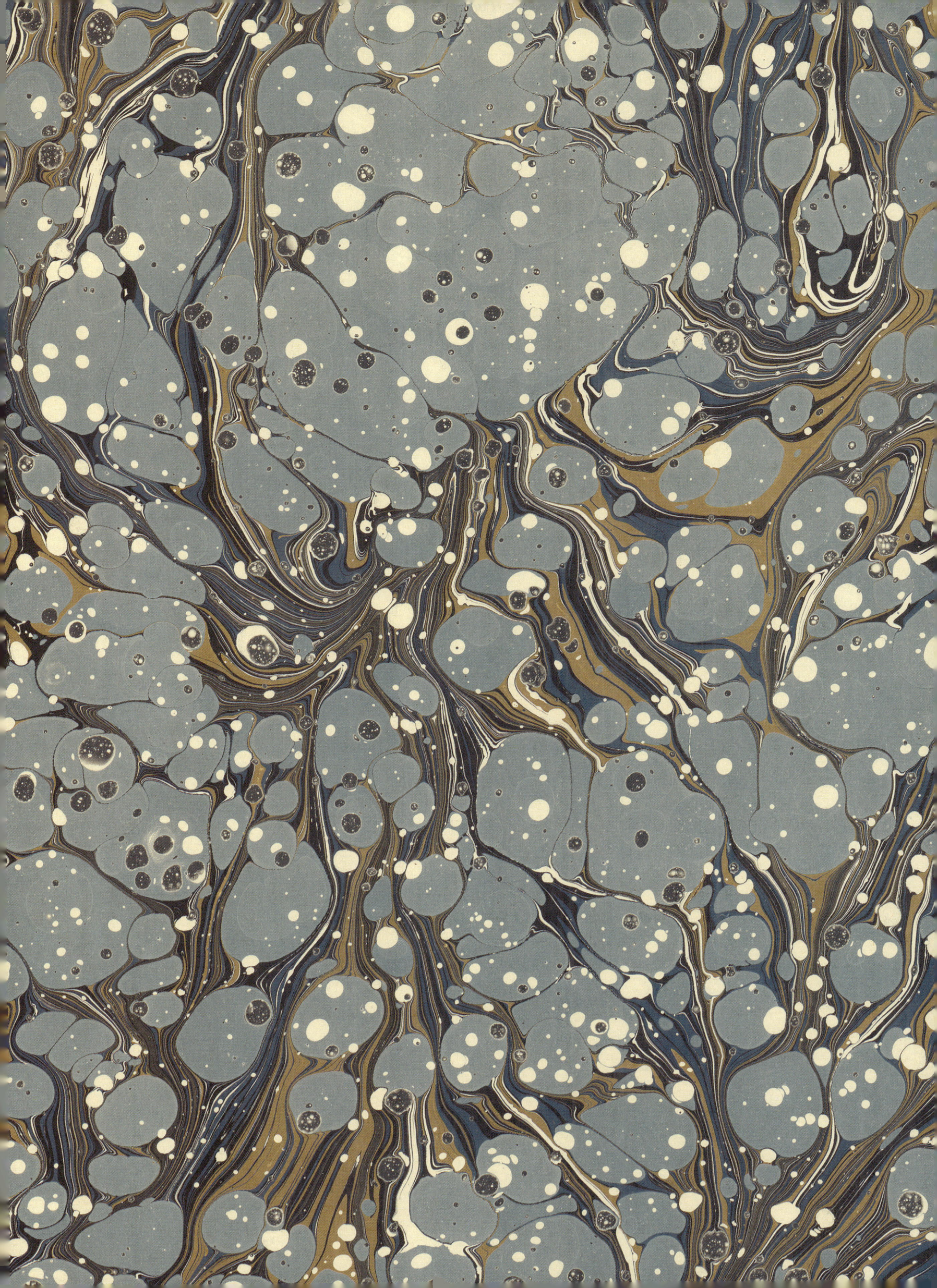

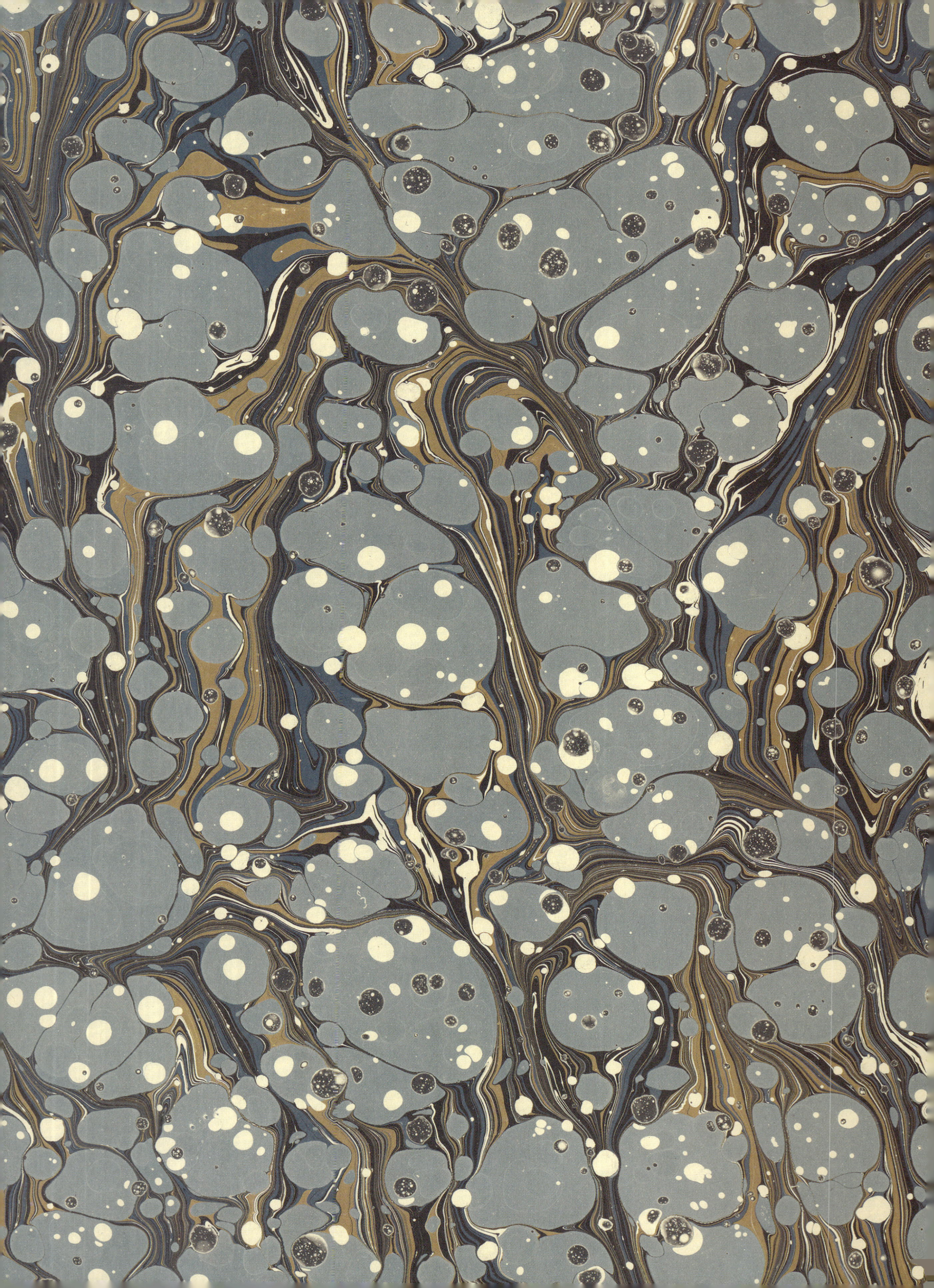

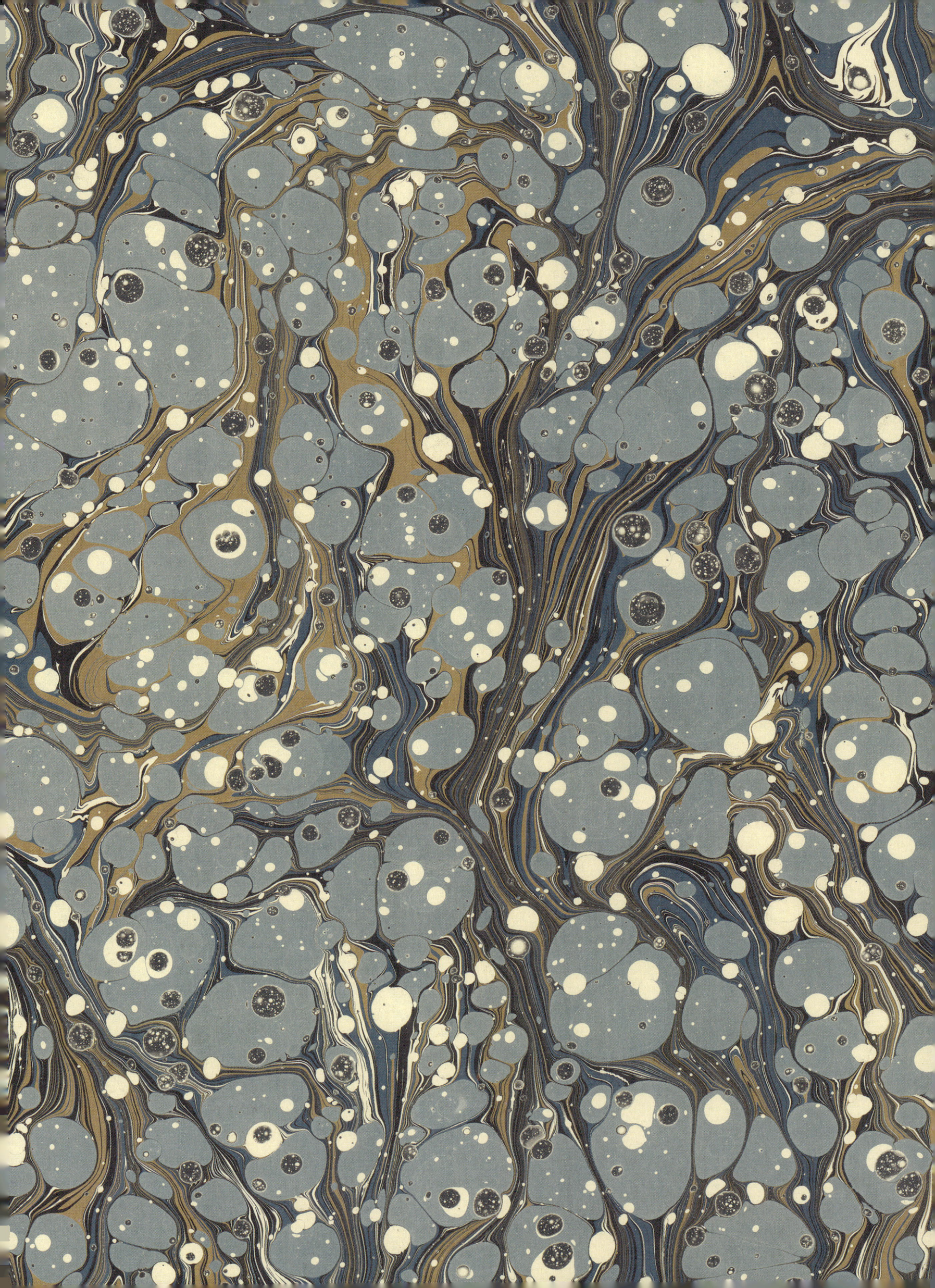

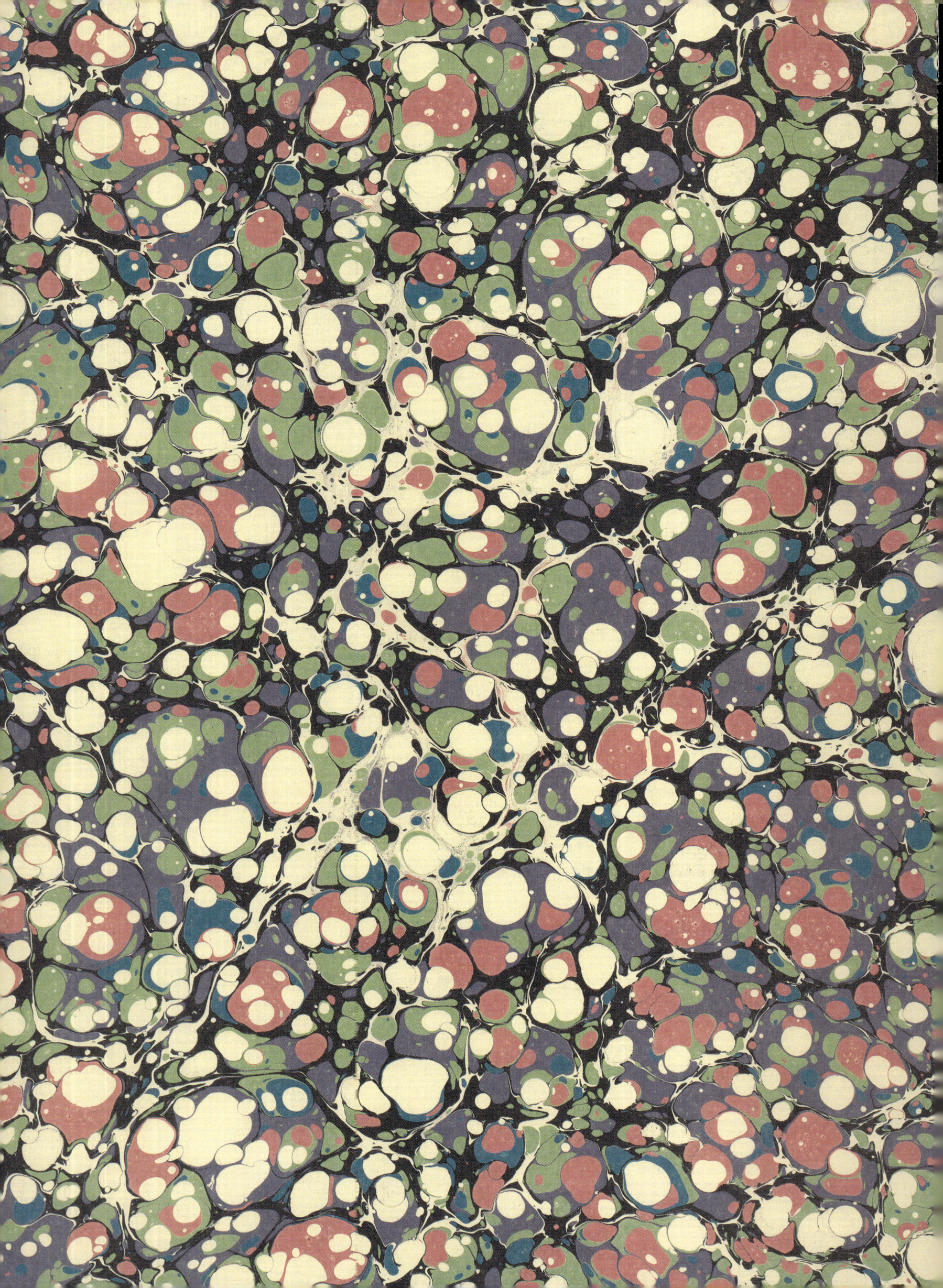

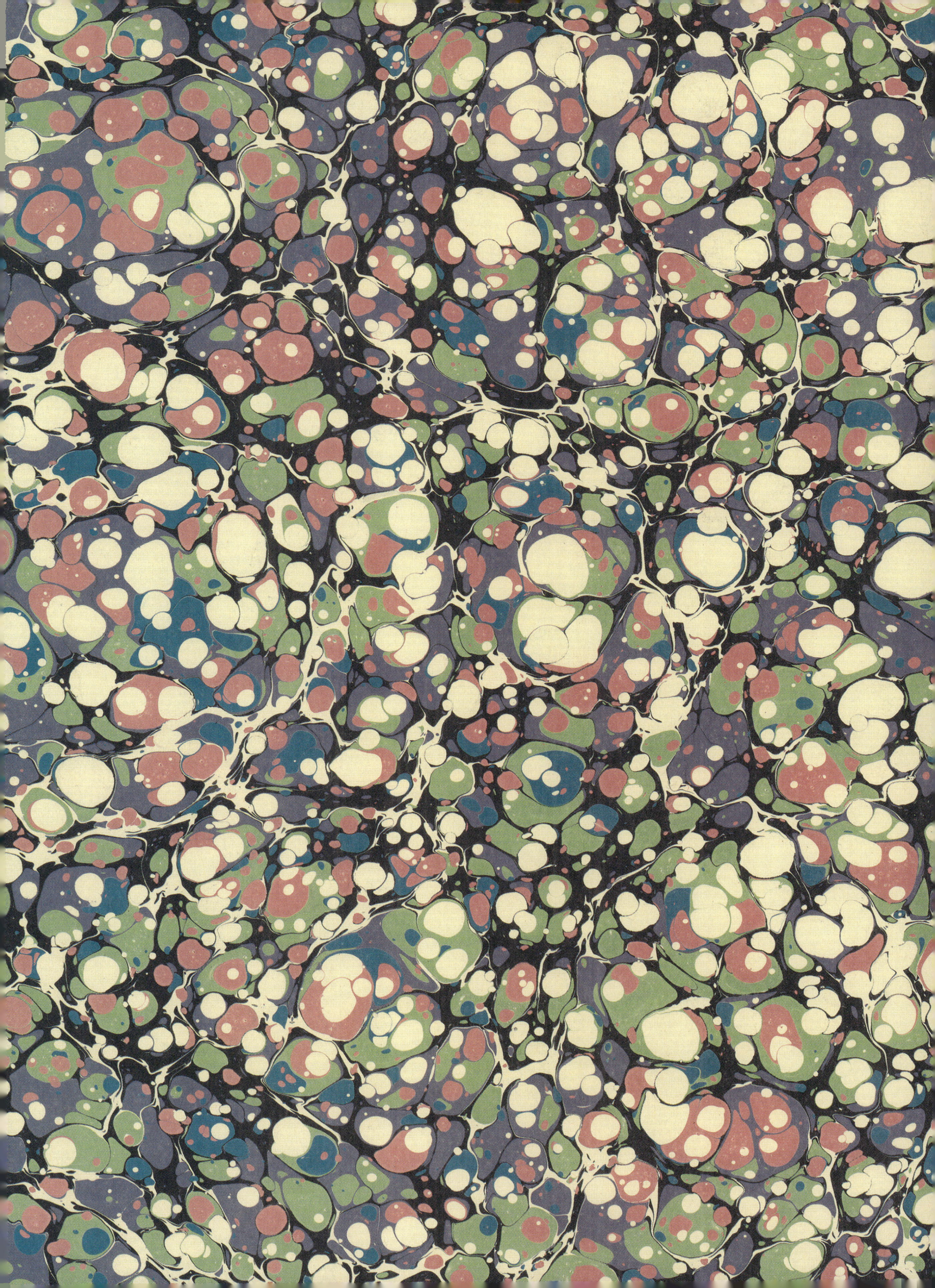

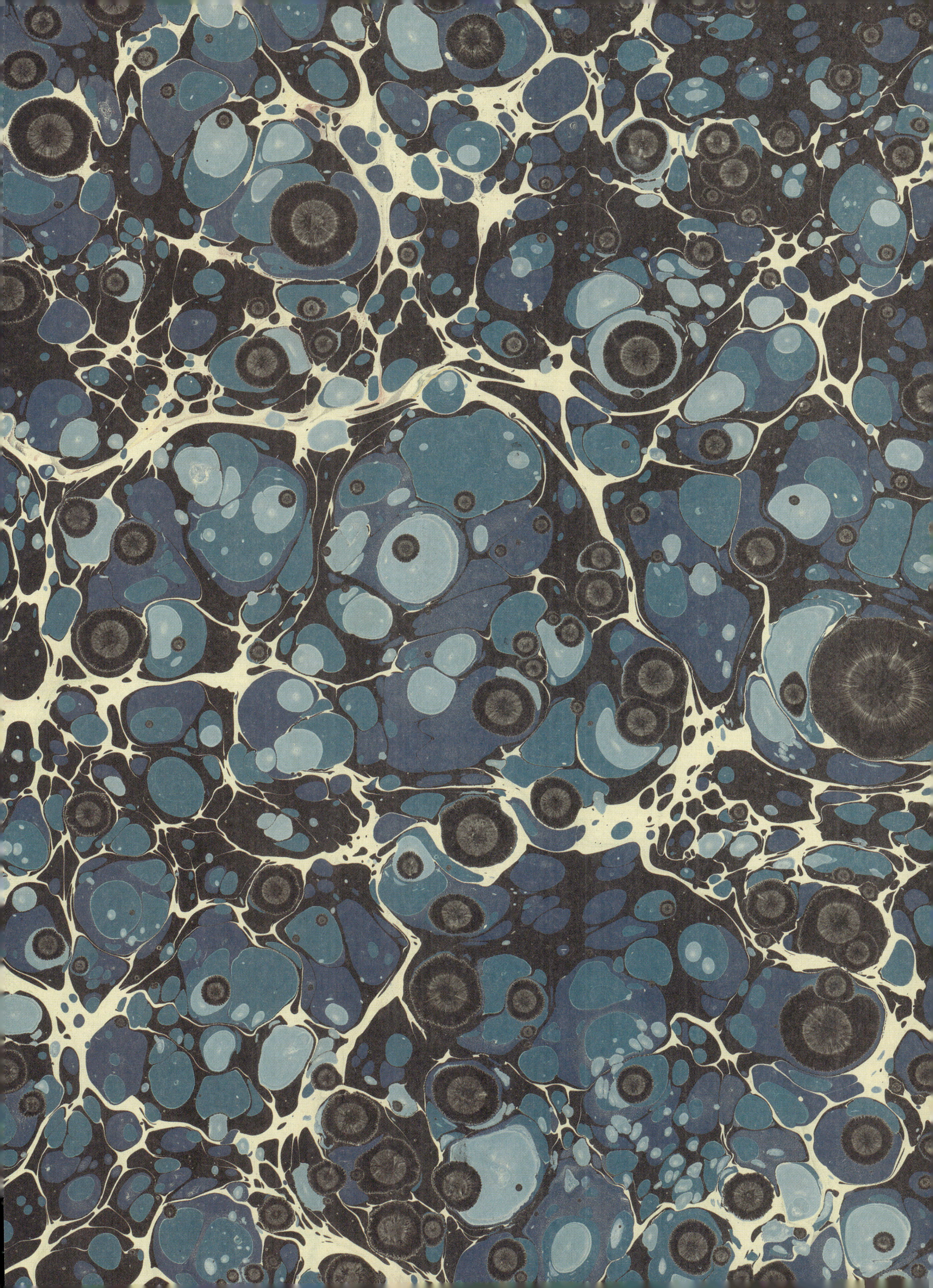

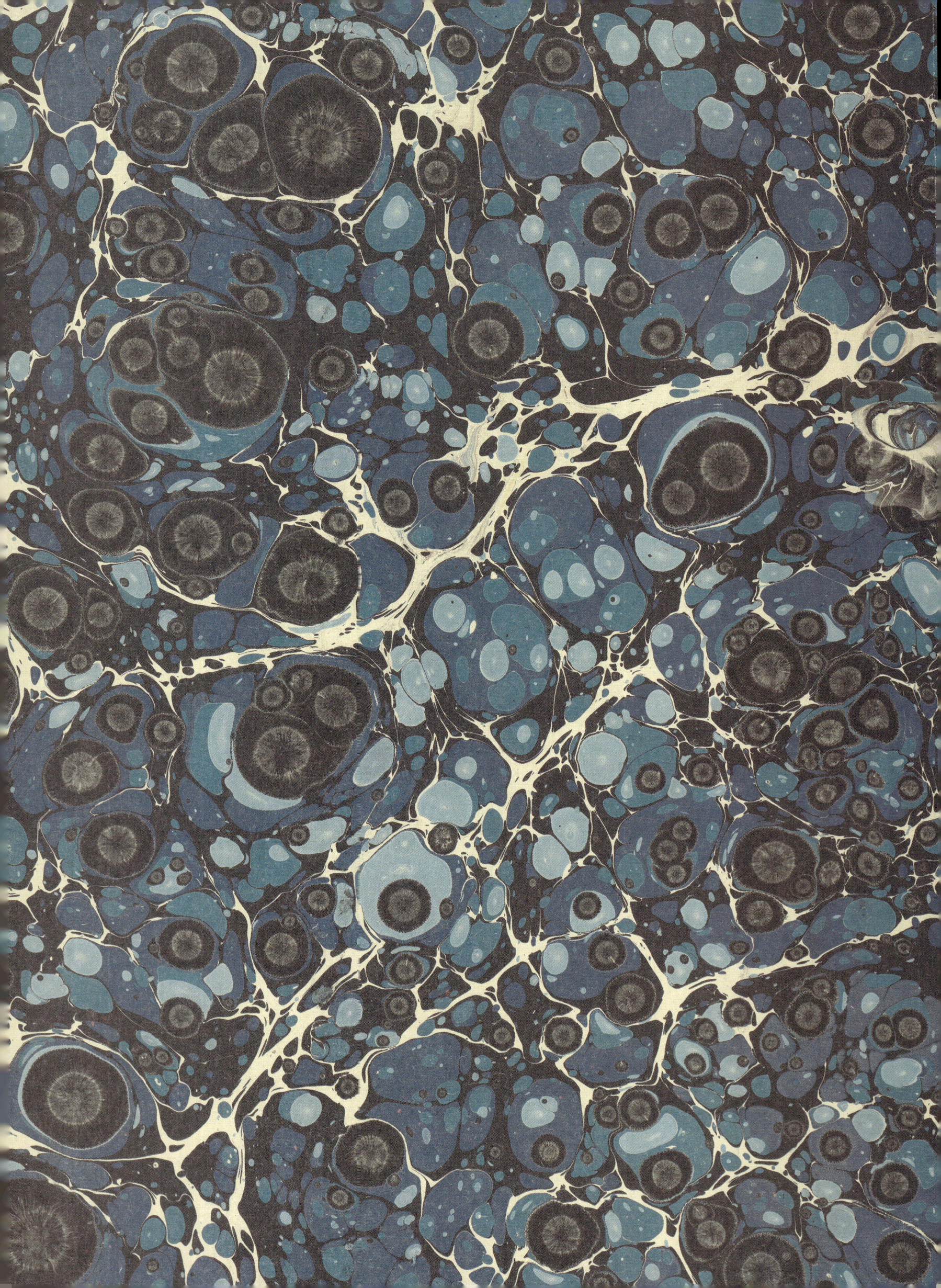

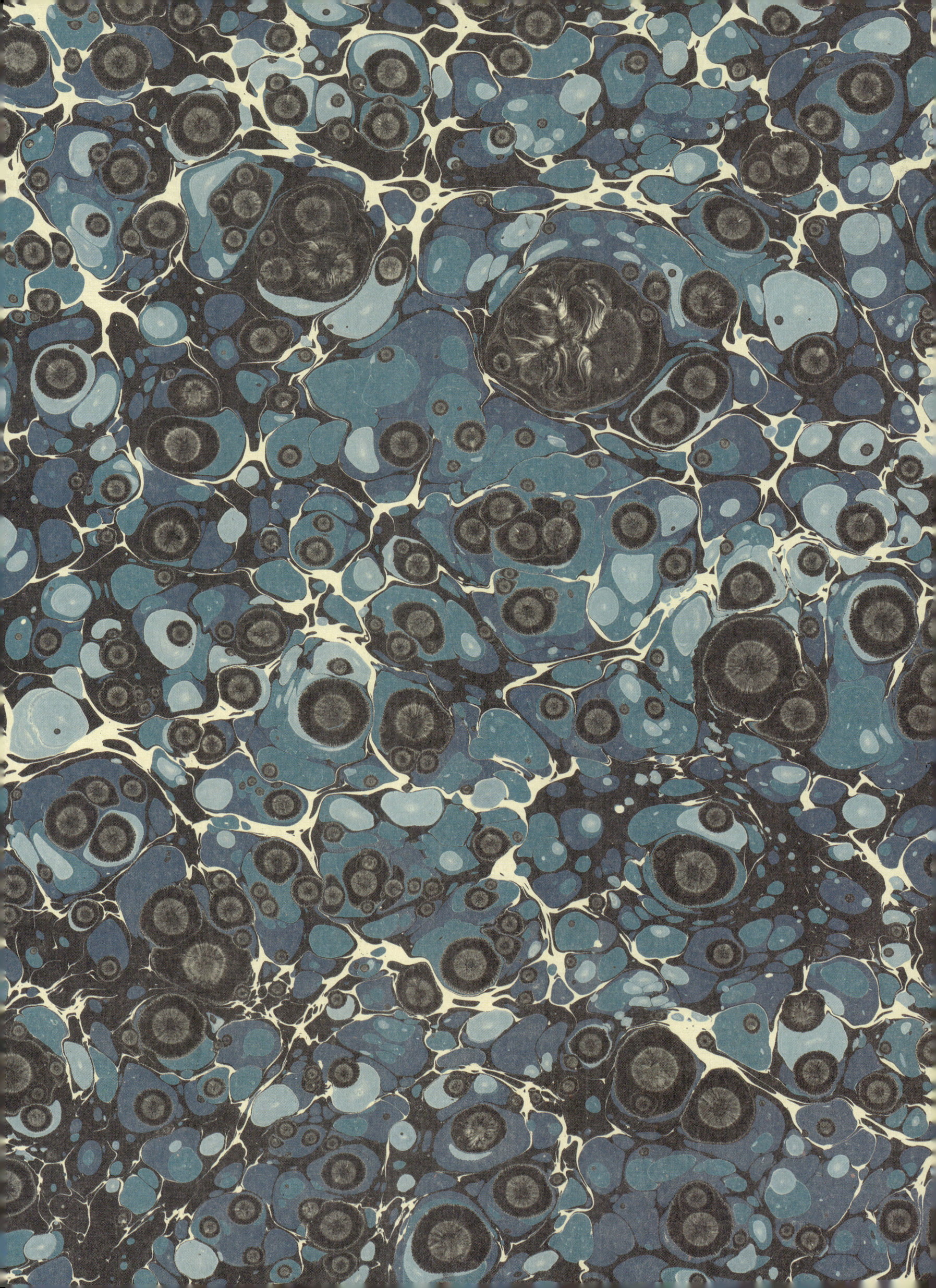

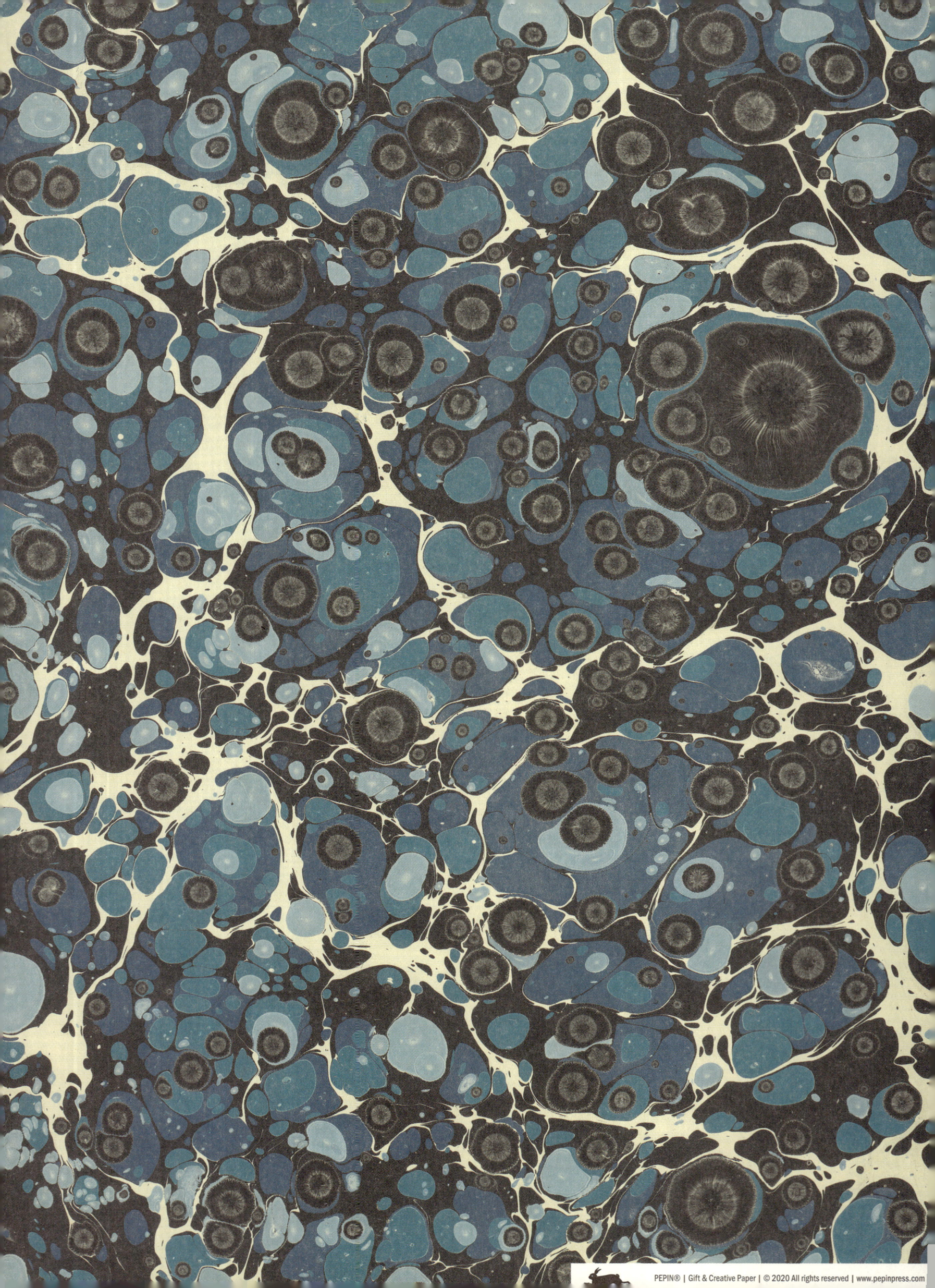

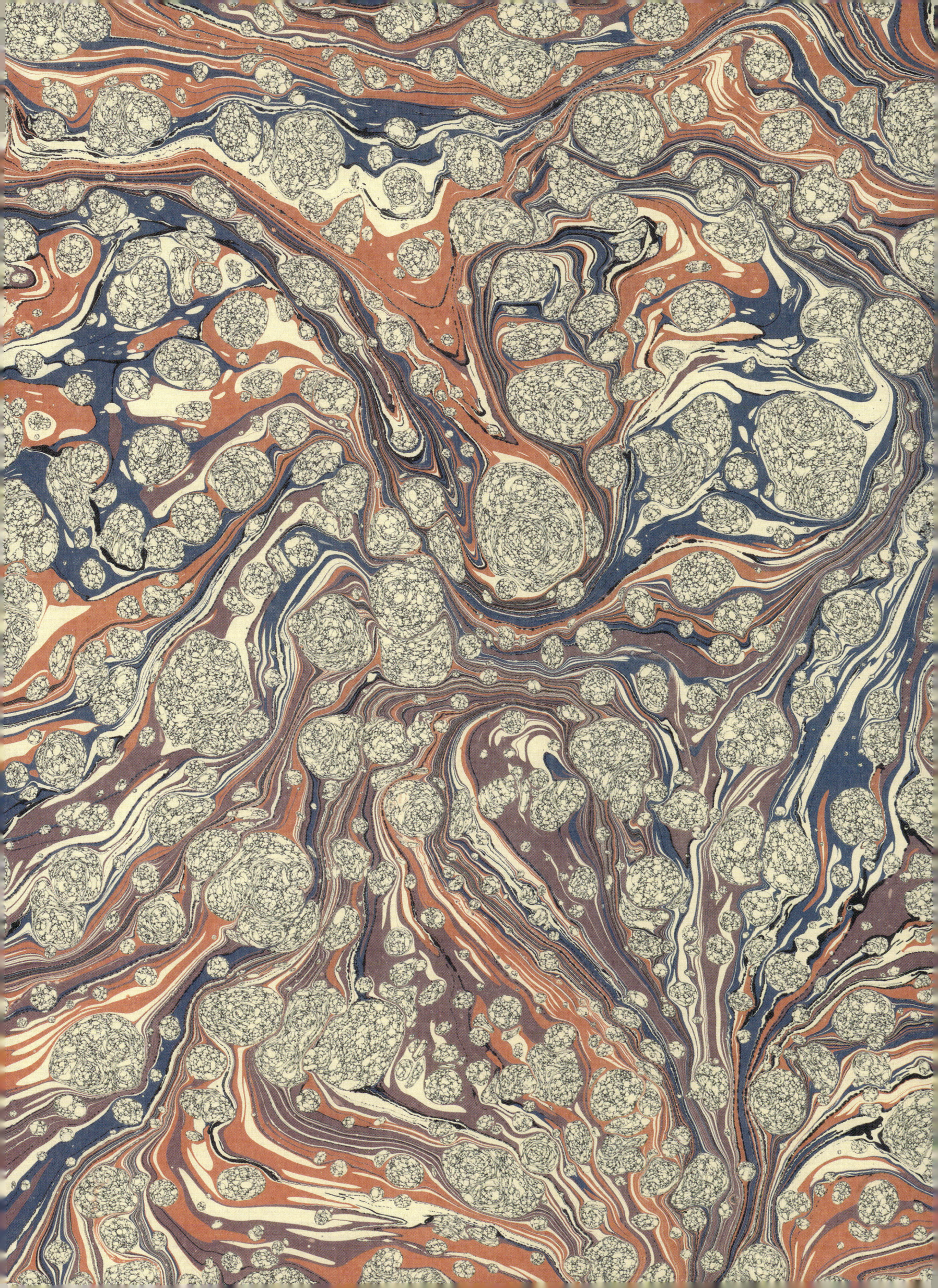

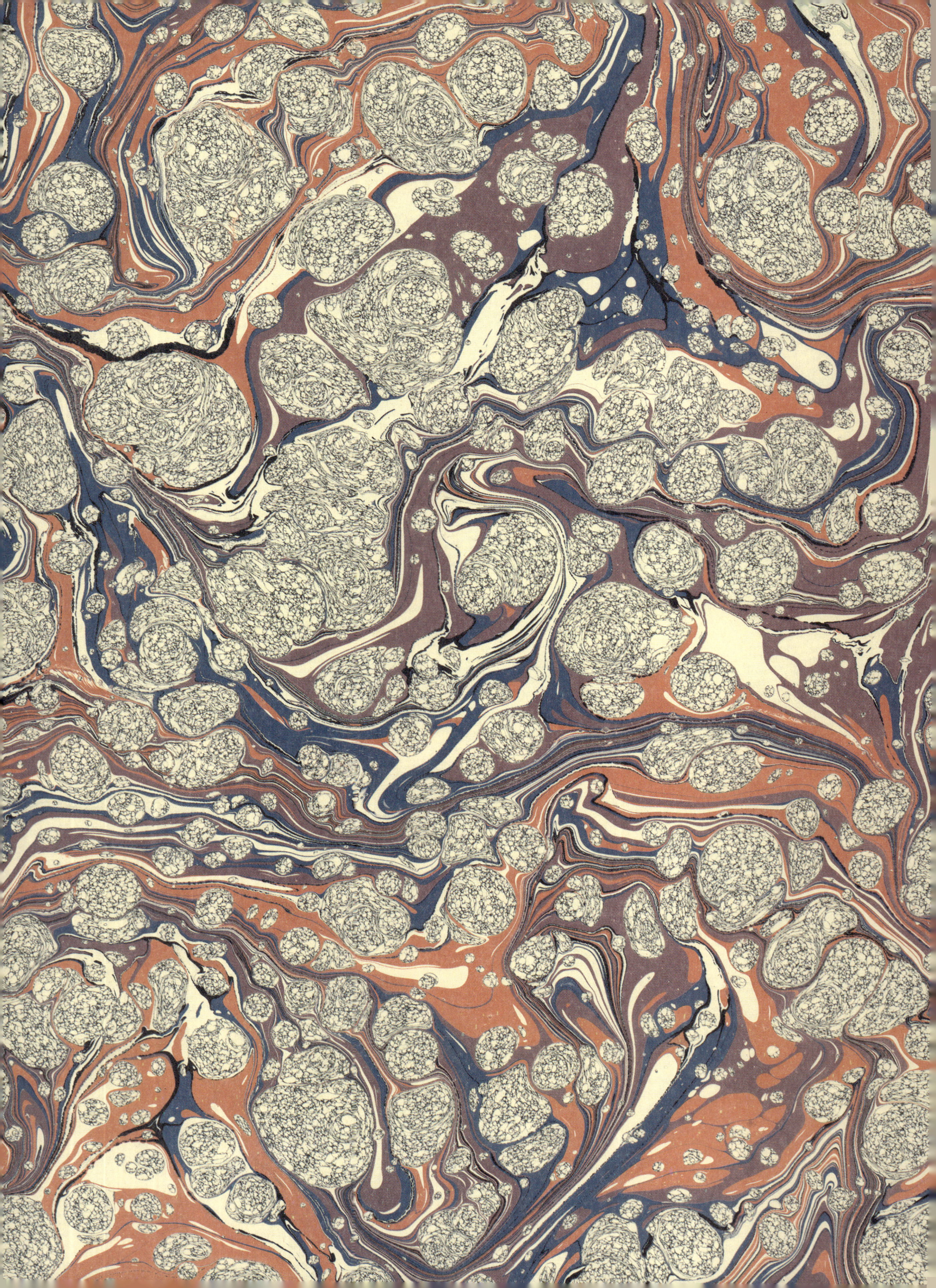

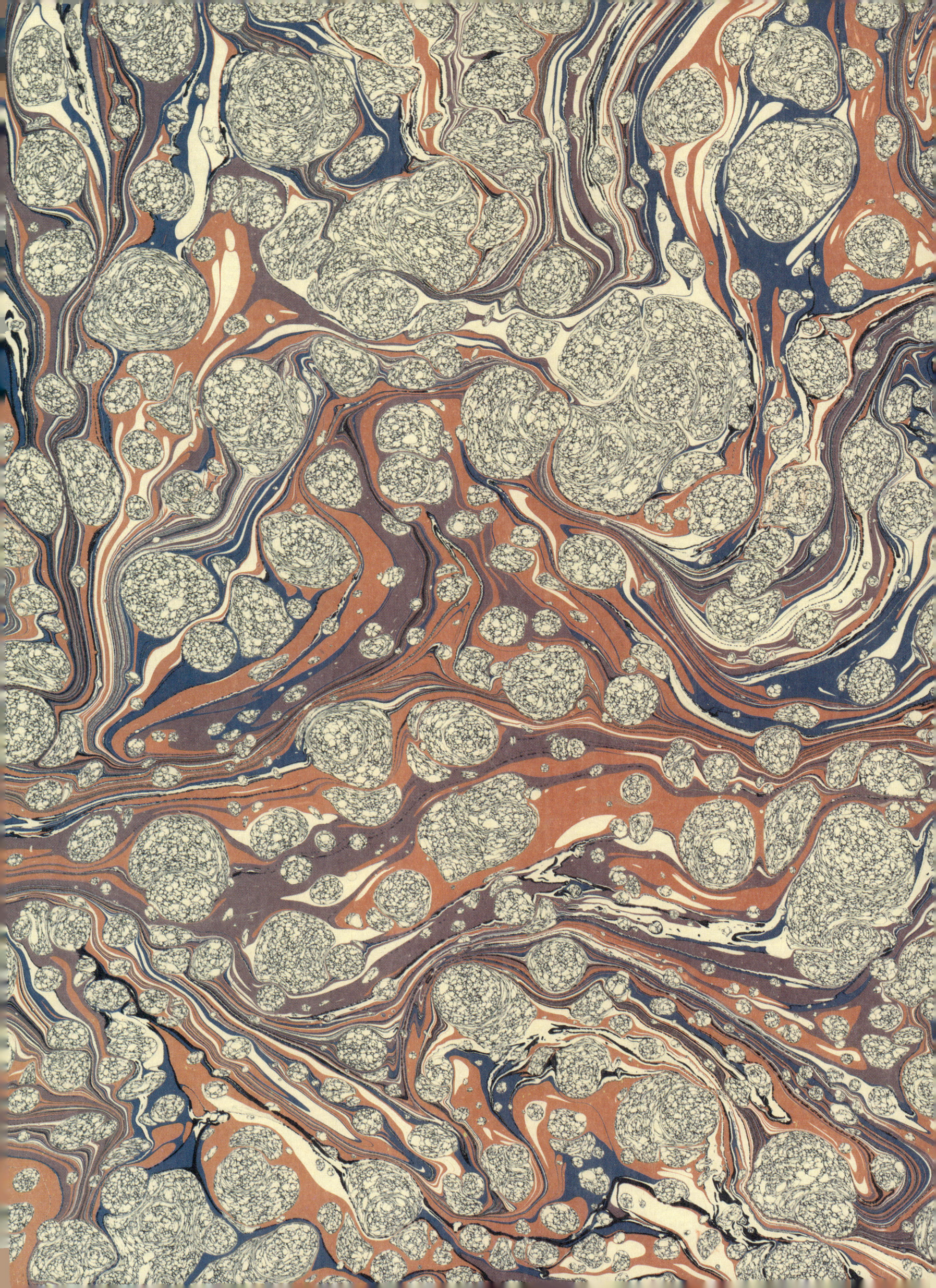

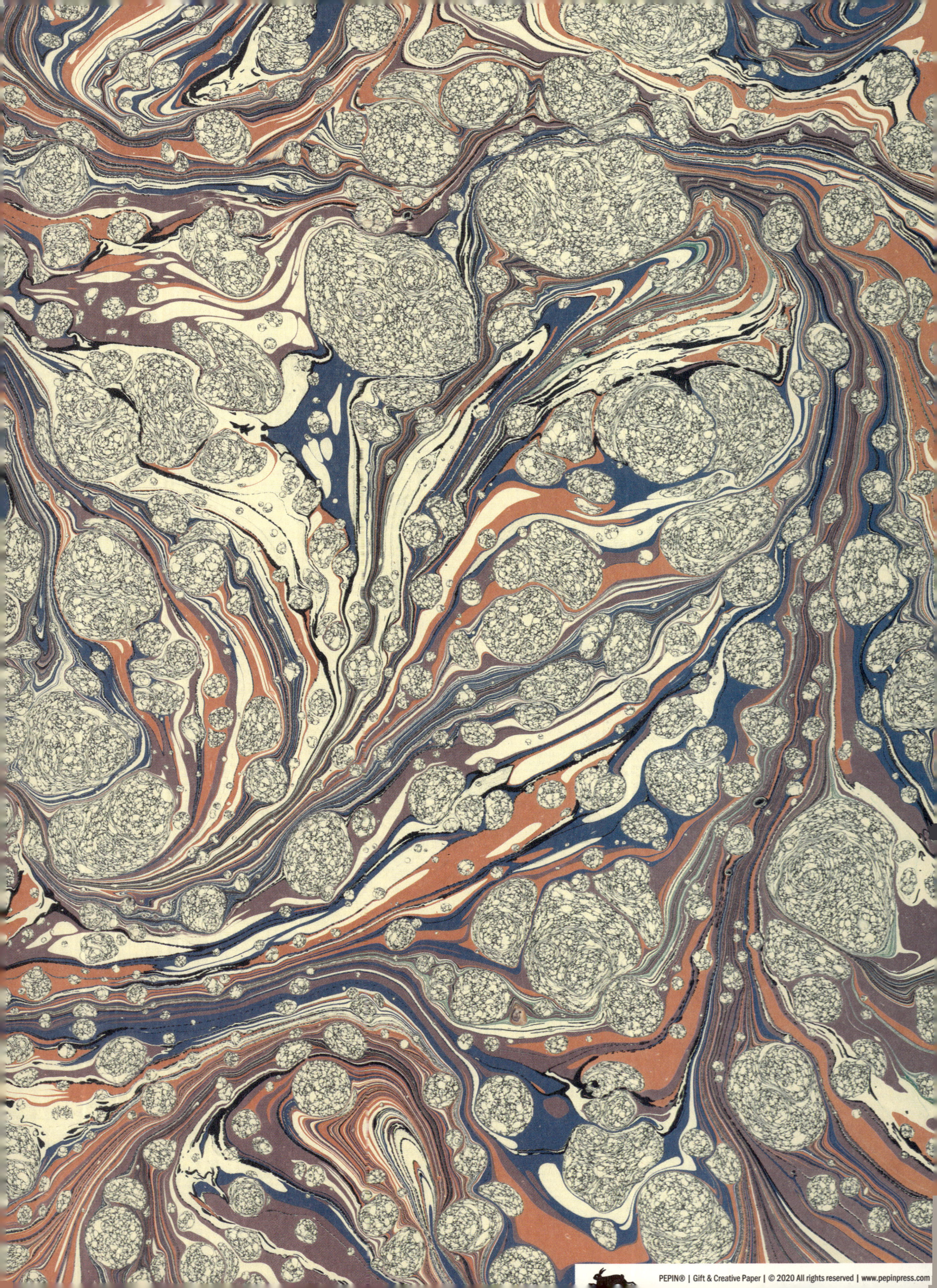

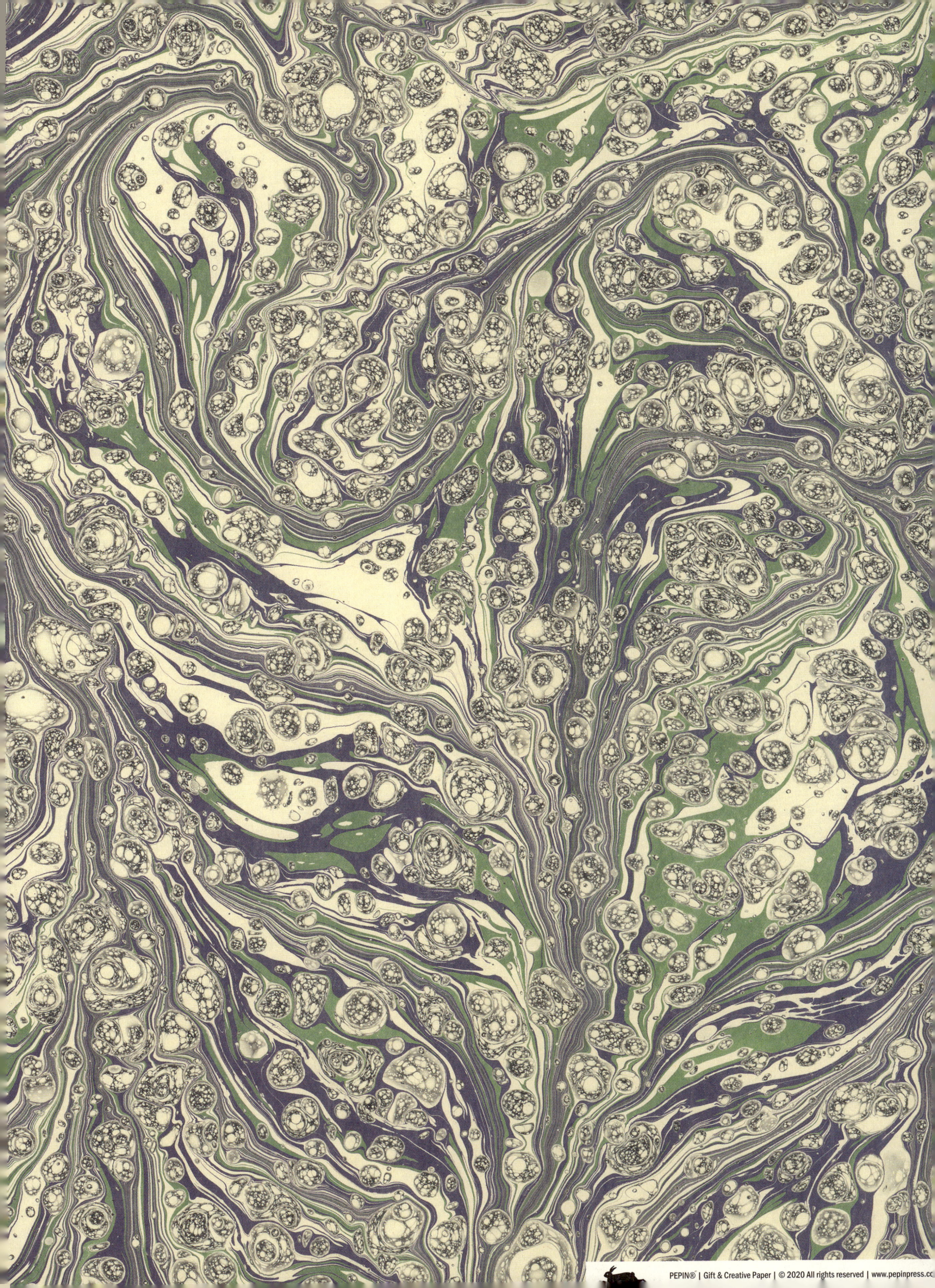

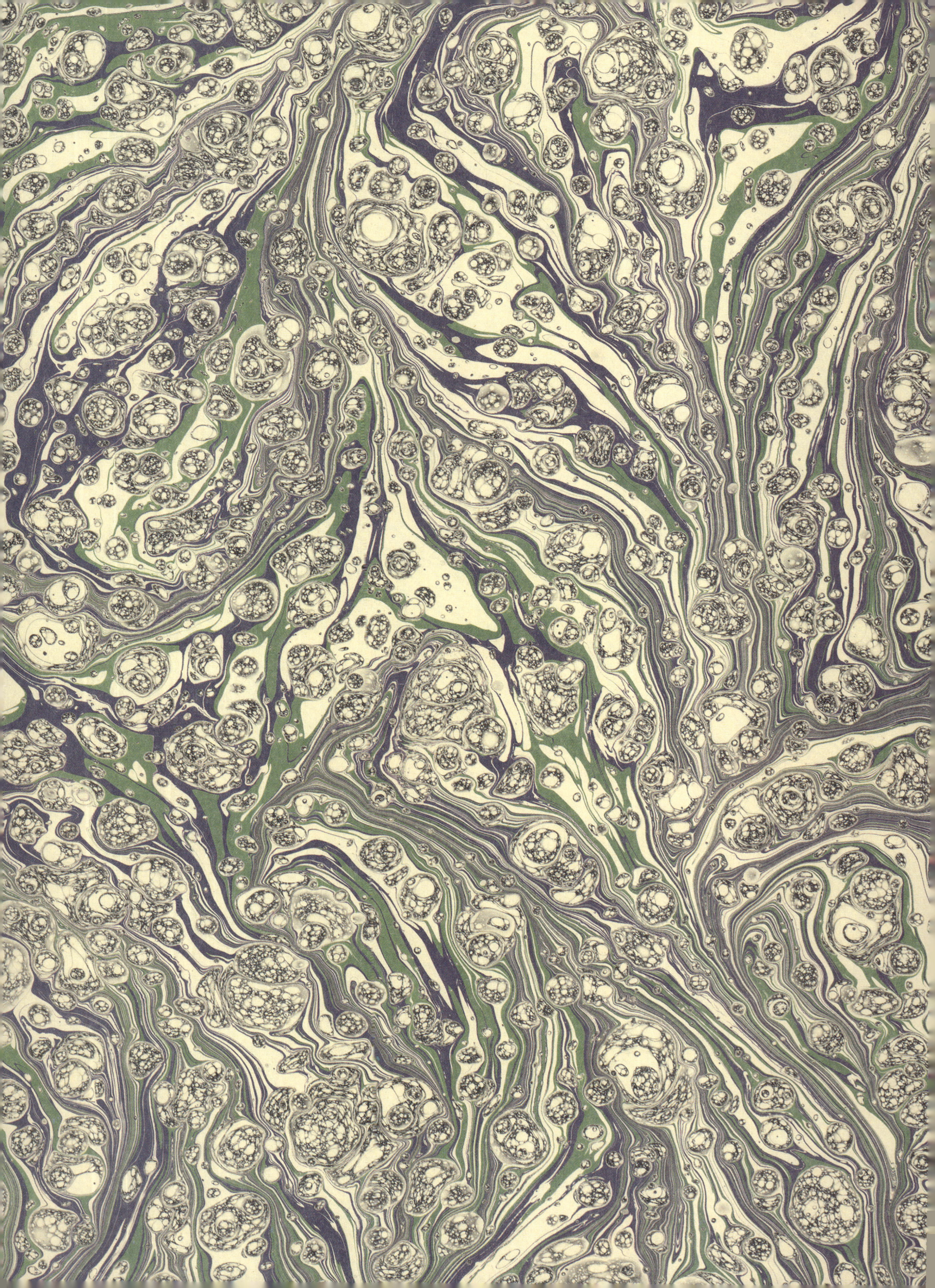

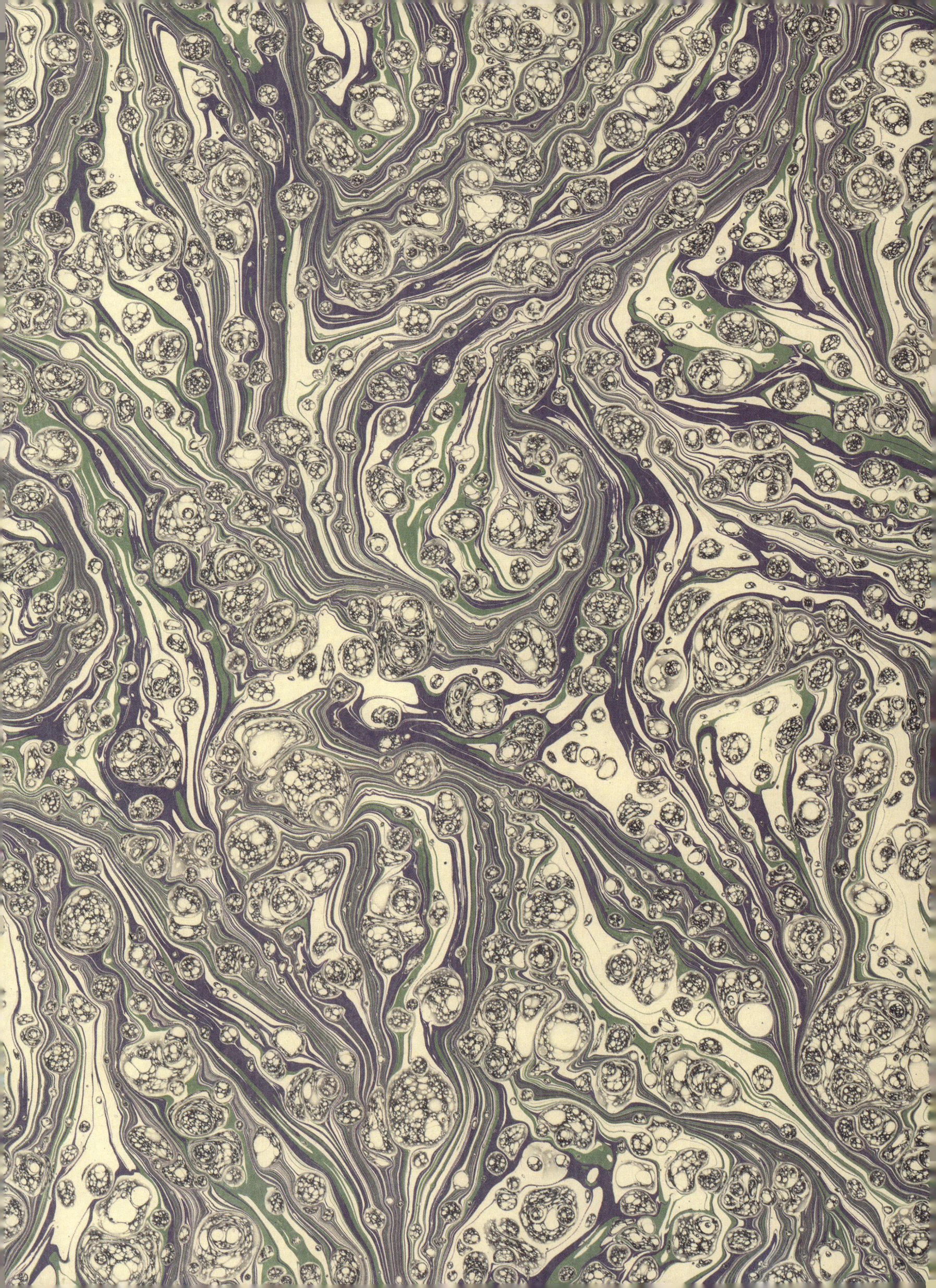

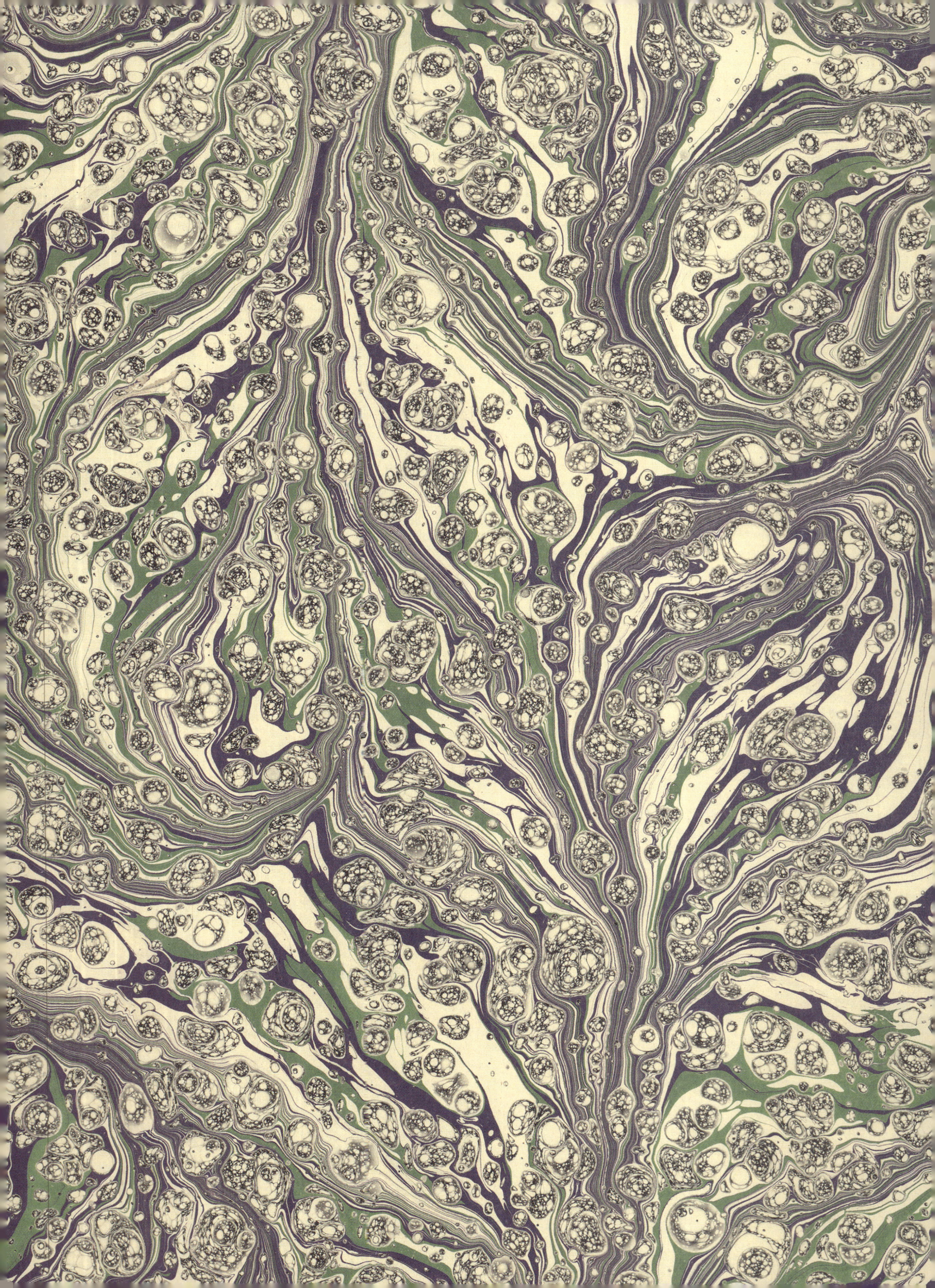